Christel Dillenburg · *Mein Erbe wirkt in mir*

ISBN 978-3-7347-8882-6

Bisher erschienene Bücher:

Mein Erbe wirkt in mir

Die 4 Jahreszeiten

Christel Dillenburg

Mein Erbe wirkt in mir

Gedichte und Geschichten
in Hochdeutsch und Mundart

1. Auflage

Autorin: Christel Dillenburg
Autorenfoto: Becker Hörakustik
Zeichnungen: Nicola Theis, Enkelin
Alle Rechte vorbehalten.

Bibliografische Information der Deutschen Nationalbibliothek:
Die Deutsche Nationalbibliothek verzeichnet diese Publikation
in der Deutschen Nationalbibliografie; detaillierte bibliografische
Daten sind im Internet über http://dnb.dnb.de abrufbar.

© 2019 Christel Dillenburg

Herstellung und Verlag:
BoD – Books on Demand, Norderstedt

ISBN: 978-3-7347-8882-6

Mein Erbe

Ich habe nicht die Kraft aus mir
zu reimen und zu dichten,
ein Erbe trag ich tief in mir,
daraus form ich Gedichte.

Das Reimen hat mir Großpapa
ganz tief ins Herz gesenkt,
die Muse hat mir Großmama
dann noch dazu geschenkt.

Gedanken leben auf in mir,
dann muss ich mich schnell setzen,
greif zu Schreibstift und Papier
Gedanken werden Sätze.

So schreib ich auf manch Vers und Reim.
Was mich grad bewegt,
von heiter und mal traurig sein
wie's mir gerade geht.

Von Frühling, Sommer, Herbst und Winter –
Geburtstag und noch mehr,
für Kinder und auch Enkelkinder
alle freuen sich sehr.

Kein Geld wiegt diese Gabe auf,
drauf bin ich mächtig stolz,
und lege sehr viel Wert darauf,
da wir aus einem Holz.

An meine Enkel möchte ich
das Erbe weitergeben,
und hoffe, dass ich sicherlich
auch in ihnen weiterlebe.

Inhaltsverzeichnis

En Leewenslaaf von em Museler Kind

Gebeertich sin eich en echt Museler Kind.
So froh und frei, wie die Muselaner sind.
Eich ging in die Volksschol um ebbes zu lehre,
nit wie haut uffs Gymnasium, um zu studeere.
War mar aus der Volksschol dann entloss,
hat mer net gefroht, wat lehre meer blos?
Da mein Eltere Winzer ware von Beruf
musst eich mit in de Wingart, ganz steil nuff.

Do hieß et weitermache als Winzer, dat war jo verständlich.
Mer hat noch uff die Eltere geheert, eich glaab, ihr versteht
meich. Im Winter hat mer kää Arwet und kää Geld
un nix gewusst von der ganz groß Welt.
Bei de Immhoff no Bullay, in die Schokoladefabrik,
do suchte meer im Winter finanziell das Glick.
Mer hot aach gedaacht, was aus uus Kenner mol were kann,
dat kemmt jo meist uff de spätere Mann druff an.

Sunndaachs ging mer in die Straußwirtschaft bediene,
do leert ma aach Junge kenne.
Mer duut sich noch sieze un nit gleich beim Vorname nenne.
Doch äämol do hat's gefunkt, do war alles dran.
Eich daacht, dä do, wird bestimmte mol deine Mann.

Weile wollt eich wisse, wo kemmt de her?
Denn die Sproch kam nit von ganz weit her.
Vom Hunsrick sin eich, weile awwer genuuch.
Denn de Hunsrick war for die Museler
en ganz scheen rot Duuch.

So hon uus die Eltere von klään an gelehrt.
Dat war wat, wie die von meinem Verhältnis geheert.
„En Fisch vertrockent wenn der uffs Land wird geschmiss",
so harre se verzielt, dat wär ganz gewiss.
Do saat mein Mutter:
„Haut owend is mit dem Hunsrecker Jung Schluss."
Doch do ward en Heirat draus, dat is kää Stuss.

So kam eich uff de Hunsreck, for meich ganz scheen schwer,
denn die Musel un die Muselaner fehlte mir sehr.
Dat erscht Kind kam, dat zwote en Jahr druff.
Mei Mutter: „Dir macht doch wohl kää Fußballmannschaft uff."
Drei Jahr harre meer do gewart.
Weile kam en Bu, die zwei erschte ware Määd.
So langsam fielt eich mich mit dem Hunsreck verbunn.
Un die die Sproch konnte ich aach so langsam schunn.
Noch zwei Bue kame, so harre meer in Hand voll Kenner,
in de 70er Johre war dat nit grad de große Renner.

En lang Zeit is inzwische vergang,
wo mei Leewe uff dem Hunsreck hat angefang.
Die gut Nobaschaft is aach noch en Stick von meinem Glick,
dat eich meich mit me so sehne an die Musel zurick.
Mer muss aus allem dat Beste mache, in seinem Leewe.
Dann is et iewerall scheen – so is dat eewe.

En Freierei mit Hindernisse

Die Woch war vorbei, de Sunndaach kam,
do blieb mer nit so gerne dahääm.
Wenn sich dann noch en Freierei angebahnt,
de junge Mann hat sich jo nur Sunndaachs angesaat.
Haut sin se fast jede Omend zusamme,
frieher hätt mer sich scheen misse schaame.
Aach net öffentlich ging's zu, sonst gab's Zoff.
Nore häälich hat mer sich getroff.
Dat durft aach anfangs niemand siehn
un wurd gefroht: „Wo gehst dau hien?"
En Antwort hat ma schon parat:
„Spaziere gehen mit paar Määd."

Geglaabt hat dat niemand, uff kääne Fall.
Aach nit uus Kuh, wenn mer musst durch de Stall.
De Ausweech wusst mein Mudder nit.
Seltsam, sonst krieht se doch alles mit.
Äämol hat se Lunde geroch un mit nem Kierestrang
die Stalldeer von inne ganz fest engehang.
So musst eich mit nem Finger die Kiere aus dem Hooge schlahn,
dat war nit so äänfach, eich kann's auch saahn.
Wär aach schon fast iewer die Kuh gefall,
denn de Lichtschalter war uff de anner Seit vom Stall.

„Paula", so hieß uus Kuh,
„dreck haut omend en Au for meich zu.
Leiste links, oder leiste reechts,
eich muss an dir vorbei, dastet wääs.
Meich hon se die Nacht erausgesperrt
un komme durch de Stall, mach dat meich niemand heert.
Melke? Ne, so weit sin meer noch nit,
schleiche mich zuerst noch enuff ins Bett.

Eich komme so spät von der Frei,
ach Paula, de Begriff is for deich jo so nei.
Dat Hämmgehn fällt dann oft so schwer
Un blieb am liebste im Stall bei där.
Deret more nore donnere un blitze,
dau hast es gut, un eich muss schwitze,
denn Fruuchtabmache seht uff dem Plan,
so heert eich gester mei Vadder saan.
Dau brauchst dann jo nit enaus,
dann fliehe die Bräämse un for deich wäret zu heiß.
Nau gut, genaacht, eich schleiche mich häälich nuff ins Bett,
de Omend war so scheen, den vergesse eich nit."
Se flunkert mir mit de Aue zu
Un brummt ganz häälich: „Muuh".

De Umzuuch no Siemere

1977 harre meer no Siemere gebaut,
wenn eich dodraan denke, meer et haut noch graut.
Viel Kritik musste man erdraan.
Et war nit leicht, eich kannet auch saan.
Es wurd semeleert: „Was sin das for Leit.
Die hon jo fünf Kenn." Aus war die Freid.

Fünf Kenn, was kann das schon sin?
Dann kenne ääne die Leit noch nit,
ist's Urteil schon gefällt,
denn bringst de vier, fünf Kenner mit,
is et aus mit der heile Welt.

Un als meer schließlich engezoh,
hat meine Mann gesiehn,
was ich hie saan, is net geloh
un wergerlich nit scheen.
Ään Frau hat die Hand gehob
Un spreitzt ihr ganz fünf Finger.
Meine Mann hat die Kenn schnell ins Haus geschob,
un saat: „Das heißt, die han fünf Kenner."

Ganz spinnebees er zu mir saat:
„Deene setze meer ääner droff,
do baue meer die Garasch weil hin,
dann hert dat gucke uff."
Weil, do sin die Kenner groß,
es war nit immer leicht,
manchmal schon en ganz schwer Los,
doch meer hon´s erreicht.

Ganz stolz sin meer, wenn Feierdaachs,
Geburtsdaach noch dabei
Uffem Hof un in de Garasch
Die Autos stehn in einer Reih.

Viel Kenner bringe Spaß und Freud.
„Wie ist´s bei auch so scheen",
so saan haut die selwe Leit.
Ja – so kann´s äänem gehn.

Stickelcher

Von Musel un vom Hunsreck
Gab's frieher heikel Sache.
Und wenn ich denk dodraan zureck,
dann muss ich heut noch lache.

Als Kind guckt ich em Schauspiel zu,
kann meich noch gut entsinne,
dem Museler Mann wollt die Hunsrecker Kuh
riecht aus in die Musel springe.

Dobei sollt die nur probefahre
iewer die Musel hin und her.
De Bauer wollt die an die Musel verkaafe,
for die Kuh war dat en Maleer.

Eich siehn im Geist de Ortsdiener noch,
durch's ganze Dorf fahre mem Rad,
hot ausgeschellt, uff dem Brunneplatz
steht en Auto, mit Ferkel belad.

De Bauer, der vom Hunsreck kam,
hat Ferkel angebot.
Die han gequieckt, eich kann's auch saan,
dann wurd no'm Preis gefroht.

Mei Opa hot so gere gehannelt,
wenn dem de Preis zu deier,
vor dem do hot de Bauer gebammelt,
immer die selwe Leier.

Zum Schluss do gab´s die Querkelcher,
die hot mer billicher krieht,
die klääne ware so genannt
un hon am meiste gequiekt.

Un wenn de Kauf dann war getädicht,
jeder war heilfroh,
per Handschlach hat mer das bestädicht
un ab, die Ferkel in´s Stroh.

De Ferkelwaahn, wenn de dann leer,
de Bauer greift seine Hut,
„Eich komme nächst Johr widder her,
tschüss Museler – macht´s gut.“

Gefroht hat meich später in Hunsrecker Bu,
ob eich sein Frau wollt were
un hon aach schließlich „Jo“ gesaat,
de Hunsreck dät meich net stere.

En Fisch vertrockent, wenn de uffs Land wird geschmiss,
so saare die Museler Leit,
vertrockent sin eich immer noch nit,
in dene iewer fuffzich Johr bis heit.

De Brockepeter

Weit un breit, in Stadt und Land,
is er als „Brockepeter" bekannt.
Ääne Meter neunzig is sei Läng,
un zweienhalb Zentner uff die Wooch er bringt.
Jeder daacht, doher de Name.
Wo soll der aach sonst her stamme.

Die alte Leit, jo die wusstend schon,
nor noch nit die jünger Generation.
Die hatten ihn gefroht, er nit lang iewerlaacht
un hat die Antwort parat.
„Eich war als klääner Bu so mickerisch,
konnt lang nit gucke iewer de Disch.
Eich wollt un wollt äänfach net waase.
„Deich huule noch die Raawe vom Rase."

So harre immer die Leit zu meiner Mutter gesaat
un äämol hat se en Rezept parat.
Se hat mer Brot in die die Supp gebrockt,
meich domit an de Disch gelockt.
Do sinn eich wergelich in die Heh geschoss
un kääner wusst, was mit mir loss.
Weile sieht mer mohl, was in Brot for en Kraft.
Uff jede Fall, eich hat de Durchbruch geschafft
un war im Nu in richtich großer, stattlicher Bu.

Weile fing mei Leewe erscht richtich aan
un war uff ämol en zweienhalb Zentner Mann.
Doch de Name is geblieb bis in mei hoch Alter,
eich verziele auch hie werglich kää Kalter.
Doch wer et nit glaabt, de lässt's halt stehn.
„Eich weere aach bestimmt noch
als Brockepeter in die Ewichkeit gehn."

Die Sonntagspredigt

Den Pfarrer hat´s schon lang gestört,
dass keiner mehr ihm zugehört,
in der Kirch am Sonntagmorgen
und er macht sich ernsthaft Sorgen.

Das bei der Predigt man schläft ein,
dass kann fürwahr nicht richtig sein.
Beschließt, etwas zu ändern,
nur, an wen soll er sich wenden?

Kurzum, er hatte einen Plan
und sagte zu dem Herrn Dekan:
„Heut nehm ich meine Katze mit."
Sie folgt ihm lautlos, Schritt für Schritt.

Vor der Kanzel blieb sie stehn,
so konnt sie gut den Pfarrer sehn.
Die Katze spitzte ihre Ohren,
kein einzig Wort ging ihr verloren.

Andächtig hörte sie ihm zu,
die Leute dachten: „Ei, nanu,
was soll die Katz im Gotteshaus?"
Schließlich war die Predigt aus.

Nun wandte er sich an die Katz,
vorn auf dem ersten Platz
und sprach: „Die Predigt heut,
wenn nicht für Leut,
war sie halt eben für die Katz."

En Samstagsbaad in de 50er Johre

In de 50er Johre hatte die wenigste Leit en Baad,
nor die Bessergestellte hatten so wat.
Gebaad hon mer Kenn Samsdaachs in de Kisch.
Et war gebutzt un meer Kenn sauwer un frisch.
Als meer awwer zwölf-dreizehn Johr alt ware
wollt kääner me so öffentlich baade.

Meer krien aach noch en Bad,
so hon uuser Eltere immer gesaat.
Uwe, in dem klääne Zimmer wird versetzt en Wand,
dann klappt dat schon, un ware gespannt.
Die Mudder määnt, sie hätt en anner Lösung parat,
dodruff hon meer weile gewart.

„Kommt mol mit, eich zeie auch watt."
Doch die geht mit uus in de Stall, meer ware platt.
„Wat solle mir im Stall hie drin?"
„Ei, do stelle mir die groß Zinkbitt enin,
kenne bade in aller Ruh,
hie isset scheen warm, nor die Kuh guckt zu."

En komisch Gefiehl schon im erste Moment.
Awwer for en Bad hot's Geld hinne un vore gefehlt.
Un vorläufig for en Bad gespart.
Als Erstes wollt halt ich in die Bütt,
dann meine Bruder, so geht's jo nit.

Es kam en Äämer heiß Wasser dobei,
denn die Mudder war an der Reih.
Als Badezusatz hat mer nore Kernseif kannt,
so hat sich langsam en Schiecht gebild am Rand.
Die Mudder hot die abgescheppt.
Noch mol heiß Wasser dobei un die Sach war gerett.

Zum Schluss kam de Vadder draan.
Der musst als Letzter in die Wann,
weil er jo schließlich am dreckichste war
vom Wingert, Acker un Stallmiste sogar.
Dat Wasser hat so langsam Farb angenomm.
Kein Problem, weile is die Buntwäsch
zum Inweiche noch nin komm.

Dofor gab´s Henko als Zusatz schon,
damit de Dreck gut abweiche kann.
Mondaachs wurd se in frischer Lau gewäsch.
Weile war se sauwer un scheen frisch.
For en gute Geruch kam se dann in Silwasser noch,
do war vorher die Weißwäsch schon drin
un for die Buntwäsch reicht´s aach noch, immerhin.

End weiß ich ganz genau, dat war damals schon klar:
En gut riechend un strahlend weiß Wäsch de Stolz jeder
Hausfrau war.
Obwohl, Auswahl an Wäschpulver gab et nit viel.
Der Leitspruch war „Persil ist und bleibt Persil".

Mein Freundin hot noch me Wasser gespart, kaum zu glaawe,
die musst zusamme mit ihrer klääne Schwester baade,
„weil dann dat Wasser heher steicht", hat die Mudder gesaat,
un so war wierer en Äämer Wasser gespart.

Manchmol wurd mit dem Rest Wasser
noch die Gass geschrubbt,
bevor mer sich uff die Bank vor die Deer gehuckt,
verzielt vom Wasserverbrauch am End von der Woch
vom Samstagsbaad, Wäsch inweiche un Gass schrubbe noch.

Kaum zu glaawe

Gestorb is mei Opa in de 50er Johr,
manchmal kemmt meer's wie gester vor.
De Leichebestatter kam ins Haus
un eich daacht: „Wie kriehn die nore de Opa enaus?"

Dat Treppehaus war schmal un steil.
De Bestatter saat: „Kind, ward mol en Weil,
eich duun meich grad en bissche bicke
un huule de Opa uff de Recke.

Dat mache eich halt öfter so",
un gelöst war aach schon mei Fro.
Er rieft durch's Haus: „Et wird schon gehen.
Lost de Saarich unne stehn.

Eich bringe de Opa schon enunner
so Sache mache mir kää Kummer."
Do saarer: „Wie eich dat et erste mol ausprobiert
is mir Folgendes passiert:

De tote Opa uff em Recke, fest gepackt.
Ään Hand unnerm Hinnere, dat er nit runnersackt.
Die Arme meer reechts un links um de Hals gelaacht
un an gar neist Schlimmes gedaacht.

Hielt sei Händ mit meiner fest
un daacht, so schaffst de aach de Rest.
Denkste, do ritscht ään Hand aus meiner Hand,
direkt ans Geländer, nit an die Wand.

Dat war" so saarer „aach nit schlimm,
eich hat jo noch ään in meiner drin.
Nor unne, wo dat Geländer am Enn,
do schlääds uff meinem Backe – Peng.

Vor Schreck sin eich in die Knie.
Ja, die Hand hot do kää Widerstand me.
Dat war de Grund von dem Schlaag uff de Backe.
Als Bestatter erlebt mer halt so Sache.

Un wenn mich heut ääner fräät:
Kenne Dote noch schlaan?
Kann eich nore saan:
Allemol, se kenne!
Sogar noch uff de Backe von henne."

Die alt Holztrepp

Eich schildere mol riechteraus
die Holztrepp von meinem Elterehaus.
Verziehle kennt se so allerhand
honn druff gespielt, außer Rand und Band.

Gelaaf sin eich die ruff un runner,
kreiz un quer gesprung mitunner.
Doch domols hon eich nit gehert
was meich später aarisch gesteert.

Do is mir das erscht uffgefall.
Das paar Triet knacke, zum Gleck net all.
So hon getest eich Triet for Triet,
welcher knackt, un welcher nit.

Bald hat eich die aach all im Kopp
die Knacktriet von der alter Trepp.
Etlich Zeit ging dat aach gut
un immer greßer wurd de Mut.

Gebraacht hat die, ihr liewe Leit,
mich äänes Naachts in Verlejeheit.
Hat do aarisch die Zeit iewerzoh
un wie enuff, dat war die Fro.

So, uff de erschte Triet druff,
de nächste iewerschlaan, uff de dritte enuff,
dann ganz reechts in die Geländersprosse
un mit dem linke Fuß en Triet leie losse.

Doch, zu sicher war eich meiner Sach,
so kam aach bald de große Krach.
Hiewe uuwe ganz häälich de Fuß,
in Gedanke, dass eich noch ääne heher muss.

Awwer, do hat eich mich glatt verzielt
un de letzte Triet verfehlt.
Eich duun en Schlaach un fliehe an die Deer
Vom Schlofzimmer meiner Eldere, dat war en Maleer.
Wat do passeert is, eich saans liewer nit.
Doch weiß ich noch haut,
welcher Triet knackt – un welcher nit.

Vier Generationen

Urahne, Großmutter und Kind
in der Stube versammelt sind.
Dieses Gedicht lernten wir als Kinder, lang ist es her,
doch heute beschäftigt es mich umso mehr.
Gibt's das noch? Vier Generationen unter einem Dach?
Und ob, keine Fantasie, Tatsache bei mir,
daraus entstand diese Geschichte hier.

So eine Erfahrung zu machen hab ich erreicht,
vier Generationen, nicht immer leicht.
Viele Jahre stand ich immerhin dort mittendrin.
Kind bleibt man, solange die Mutter noch da,
Ehefrau auch, dass ist klar.
Als Kind der Mutter wegen gibt es Pflichten,
fühlt sich der Ehemann zurückgesetzt, muss man schlichten.
Als Mutter, nicht immer ein einfacher Stand,
Oma sein, da liegen oftmals die Nerven blank.
Die Enkel vor allem nicht verpetzen,
keiner von vier Generationen verletzen.

Meint die Mutter: „Kind, so kocht man das nicht",
verzieht der Ehemann inzwischen das Gesicht.
Ruft die Tochter: „Kann ich heute Abend zum Sport?"
Der Enkel: „Oma, ich bin noch nicht satt.
Hast du noch etwas Schmalz, für nen Wickel um den Hals?"

Wer das nicht kennt, dieses Gefühl,
hört schon mal – so bleibt man mobil.
Über Langeweile kann ich nicht klagen,
doch manchmal drückt´s auf Herz und Magen.
Wenn jeder was will, jeder ruft, jeder möchte was sagen,
einem selbst bleiben offen viele Fragen.
Möchte man gerne mal für sich was tun,
wie – du hast es doch zu Hause so schön.

Aber man kann nicht nur zu Hause schalten und walten,
schließlich möchte man sich ja auch noch etwas entfalten.
So hab auf diese Stunden heut
mich riesig gefreut.
Wer jetzt meint, ich hätte etwas übertrieben,
es war mir halt so, als ich dieses aufgeschrieben.
Aber glaubt es mir, trotz alledem,
find ich meine Lage spannend und schön,
denn wenn mein Leben eintönig wär
wo nähm´ ich sonst meine Themen her?
Also, vier Generationen
können sich auch lohnen.

Inzwischen lebt meine Mutter nicht mehr,
dafür ruft eine Urenkelin: „Oma, ich lieb dich so sehr.“
Das geht runter grad wie Öl, ein wunderbares Gefühl.
Jetzt genieße ich diese Viergenerationen-Zeit,
bin für vieles offen und sich zum Freuen allzeit bereit
– hoffentlich noch lange Zeit!

Eine Frau auf Suche

Eine Frau auf Suche, auf Suche nach was?
Sucht sie dieses oder das?
Aber auf Suche, so einerlei ist es ihr nicht,
es zu finden, machte sie sich zur Pflicht.
Suchte hier, suchte dort,
wann ging es ihr verloren, denkt sie immerfort.
Eigentlich tat sie es schon lange vermissen,
doch – wer wollte es von ihr wissen.
Ob sie es nochmal findet, dass wär ein Glück,
ihre Gedanken jedoch gehen weit zurück.

Als Jugendliche, das war klar,
als junge Frau war es ihr auch noch ganz nah.
Als sie den Bund zur Ehe geschlossen
und für Familie sich entschlossen,
da stand es ihr stolz zur Seite
nur – plötzlich war es fort und suchte das Weite.
Jetzt glaubt sie sich zu erinnern –
Ja, da war es passiert – garantiert.

Sie hatte etwas sehr Wertvolles verloren,
glaubte, alles hätte sich gegen sie verschworen.
Nur – eine Zeit lang konnte sie so leben,
denn für eine Familie alles geben,
war eigentlich ganz klar
und im Grunde sie auch glücklich war.
Der Ehemann hat im Beruf Karriere gemacht,
während sie nur an das Wohl der Familie gedacht.

Jetzt wo die Kinder groß,
ging das Suchen noch mal richtig los.
Aufgeben? Nein, keine Frage,
sie hat es im Gefühl, es entspannt sich die Lage.
Wirklich, in dem Moment
sie das Gesuchte plötzlich erkennt.
Ganz deutlich, klar, es lacht ihr ins Gesicht,
zum Greifen nah, und zwar: ihr eigenes ICH.
Sie schließt es in die Arme, ohne viel zu sagen
und wusste nun: Leben ist mehr als Hetzen und Jagen,
Leben ist mehr als nur Theorie,
Leben ist jetzt, jetzt oder nie.
Leben ist Hoffnung, Mut und Vertraun,
Leben ist auch zum eigenen ICH aufzuschaun.
Dies zu wissen, gab ihr die Kraft,
dass man das Leben meistert und schafft.
Das Suchen ist nun zu Ende, jetzt haben sie sich.
Gehen stolz Hand in Hand – sie und ihr eigenes ICH.

Jetzt ist sie so froh, wie sie einmal war,
weil ihr eigenes ICH ihr wieder ganz nah.
Die Maske, die man ihr Jahre aufgedrückt,
legt sie nun zur Seite – welch ein großes Glück.

Ein echtes Bild

Nicht unverhofft – recht oft,
wird man in etwas hineingedrängt,
fühlt sich dabei sehr eingeengt,
weil man gar nicht dahin passt,
aber du dort zu funktionieren hast.

Ob man darüber traurig oder froh,
das Umfeld ja, das möchte es so.
Gerade da wo noch was frei,
kommst du dabei.

An Ecken und Kanten wird gedrückt,
bis man dich zurechtgerückt,
ob in Länge oder Breite,
jeder sieht es von seiner Seite.

So macht man sich ein Bild von dir,
glaube es mir.
Ein echtes Bild wird das wohl nie,
wenn andre führen die Regie.

Vergleicht uns mit einem Puzzlespiel,
anders als ein Glücksgefühl.
In unserm Plan steht es so nicht drin,
doch man schafft dich schon dahin.

Jeder von uns ist ein Puzzlestück
und möchte gern mit viel Geschick,
selbst sich einbringen wo wir hingehören,
das sollte keiner uns verwehren.

Nach diesem Bild, wenn wir es betrachten,
sollte man jeden Menschen schätzen und achten.
Nur dann sagt ein echtes Bild was aus
Und erntet den verdienten Applaus.

Das Talent

Jeder Mensch bekam ein Talent
von Gott geschenkt.
Doch mit dieser Gabe
übernahmen wir auch eine Aufgabe,
um nach seinem Willen
an unsern Mitmenschen Gutes zu erfüllen.

Jedoch Talente gerne schlummern,
dann muss man sich um sie kümmern,
dann mitunter
bewirken sie oft kleine Wunder.

Menschen gar mit einem Lachen
fröhlich machen,
ist wunderschön.
Gut zu verstehen.

Wer diese Gabe nun erkannt,
hat ein wunderbares Talent.
Darum nutzt es mehrmals täglich,
vieles wird dadurch erträglich.

Talente sind halt wertvolle Geschenke,
das wissen wir schon.
Strahlende Gesichter sind oft der Lohn.
Wer hat es von euch denn schon entdeckt,
das Talent, das in ihm steckt?

Hab auch meines gesichtet – schnell aufgerichtet,
kurz nachgedacht – und diese Verse gemacht.
Mach auch du was draus und immer daran denk:
Gott hat sie uns nicht zum Aufbewahren,
sondern zum Gebrauch geschenkt,
die kostbare Gabe: das Talent.

Darum nutz und pflege dein Talent,
das Gott dir geschenkt.

Das Leben

Das Leben ähnelt einem Haus.
Man geht hindurch, jahrein, jahraus.
Viele Türen stehn schon offen,
manche lassen uns noch hoffen,
was sich dahinter wohl verbirgt?
Wir wissen nicht wohin sie führt.

Geht eine Tür dann wieder zu,
dann ist das so.
Schon tut sich eine Neue auf.
Das ist des Lebens Lauf.

Und ist im Raum, wo du grad stehst,
Chaos, wie du dich auch drehst,
geh einfach weiter, bleib nicht stehn,
viel Schönes gibt es noch zu sehn.

Wenn dann von fern ein kleines Licht
Hoffnung dir und Mut verspricht
Und glaubst daran,
dass irgendwann
einer auf dem Weg dich führt,
an die Hand nimmt, deutlich spürst,
dann ist unser Leben
wirklich nicht umsonst gewesen.

Jede Tür einem Lebensabschnitt gleicht.
Mal nimmt man es schwer, mal leicht,
schaust du zurück, erkennst soeben:
Das sind Stationen von gelebtem Leben.

Geschenke, die nichts kosten

Wenn im Leben
einiges schief geht und daneben,
hier und da man ein kleines Lob vermisst,
einfach eins verschenken, da es doch so kostbar ist.

Auch Verständnis aufbringen, zuhören können,
Zeit haben für einen Menschen. Dankbarkeit schenken,
Vertrauen aufbauen, nicht nur in Not.
Bestehen, wenn Verzweiflung droht.

Oder, wenn die Seele arg verletzt,
Zuneigung gewähren, nicht morgen – jetzt.
Mit einem freundlichen Lächeln im Gesicht
Freude verschenken, Freude hat Gewicht.

Oftmals fehlt uns auch mehr Mut
Menschen zu trösten, Trost tut gut.
Anerkennung zeigen ein kleines Stück,
ebnet manch steinigen Lebensweg.

Keine Menschen nieder- oder unterdrücken,
liebevoll aufrichten, unauffällig näher rücken.
Das wir alle die Gnade der Vergebung finden
und uns mehr auf die Bedürfnisse der Mitmenschen besinnen.

Vor allem den Mitmenschen achten,
wenn wir danach trachten
und öfter mal denken an diese kostenlosen,
doch sehr kostbaren und wertvollsten aller Geschenke.
Denn der Mensch ist oftmals wie verwandelt,
sobald man menschlich ihn behandelt.

Die Überraschung

Kreuzworträtsel, Preisausschreiwe,
flattern jede Daach ins Haus,
konnt Omends gar nit davon bleiwe.
Vielleicht wird jo en Gewinn dodraus?

Gelöst hon eich die no der Reih,
dat war en wahre Spaß,
an manchem Omend zwei, gar drei,
mei Mann, aach der wusst was.

Die vorich Woch, noch ziemlich frieh,
hat's an der Deer geklingelt.
Wat will dann weil die Post schon hie?
Schon wierer hat's gebimmelt.

Eich hon dem Bote zugeruf:
„So frieh mach eich net uff."
„Paketdienst", jo so saat er druff:
„Eich bringen's aach noch nuff."

„Hon neist bestellt, nehm aach neist aan."
„Vielleicht ist's en Gewinn?",
so heere eich ihn noch drauße saan,
do falle mir die Rätsel in.

„En Schatztruh von der Firma Lind,
bepackt bis an de Rand,
mit Schokolad für euer Kenn,
en Schleif mem golde Band.

Awai, do hon meer uus gefreit,
mei Mann, uus Kenn un eich.
Löst Rätsel aach, ihr liewe Leit,
am beste morje gleich.

Valentinstag

Reicht ein Tag im ganzen Jahr?
Sind nicht mehr Gelegenheiten da,
unseren Lieben „Danke" zu sagen
als nur an diesem Valentinstage?

Sag doch öfter mal „Ich liebe dich"
Oder „Du bist die Welt für mich"
„Es ist so schön, dass es dich gibt"
„Ich habe dich von Herzen lieb".
Und denke daran
Wie viel ein Lächeln bewirken kann.

Das sind Geschenke von unbezahlbarem Wert,
glücklich der, der dies erfährt.
Das alles ist wichtiger als Blumen und andere Sachen
Sie kosten nichts und können so viel Freude machen.
Verschenke dies von Herzen mit Liebe mehrmals im Jahr,
dann wäre Valentinstag uns öfter ganz nah.

Die Frau von heute

Die Frau von heute möchte vor allem,
so wie früher, in jeder Hinsicht dem Mann gefallen.
Aber es zählt nicht nur der äußere Schein,
gleichgestellt möchte sie ihm sein.
Mit beiden Beinen fest auf der Erde,
zur gleichen Zeit auf Händen getragen werden.
Im Gleichschritt des Mannes die Karriere-Leiter besteigen
und, dass er sie verwöhnt, immer wieder zeigen.

Sie will stark sein wie ein Mann,
sich auch anlehnen können dann und wann.
Bei gleicher Arbeit, gleicher Lohn,
geschont werden, ab und zu schon.
Ihm finanziell nicht auf der Tasche liegen,
sie, als Frau, ihr eigenes Geld verdienen.
Im Beruf ganz oben,
nicht vergessen, sie zu loben.

Eigene Firma, Chefin, das ist es doch, was zählt.
Hausfrau? Mutter? Wer das noch wählt?
Karriere ist das Wort in der heutigen Zeit,
das Heimchen am Herd, das ist Vergangenheit.
Familienidylle, der wertvolle Schatz,
ist es nur noch ein wertloser Satz?
Wo sie ihr und der Mann sein Geld verwaltet,
wird so ein modernes Familienleben gestaltet?

Für Kinder wird es dann kaum Platz noch geben.
Ist das unsere Zukunft von einem modernen Familienleben?
Im Grunde hören sich die Vorteile ja gut an,
nur wenn man sich entschließt, doch irgendwann
sich Gedanken zu machen, wie es mit Kindern steht?
Hoffentlich ist es dann nicht eine Generation zu spät.
Sonst wird es bald nur noch alte und keine jungen Leute mehr
geben.
Ist das der Sinn von einem modernen Familienleben?

Eine Familie mit Kindern war einst wertvoll und schön,
es hat sich geändert und in Zukunft, mal sehen?
Vielleicht sich das Blatt nochmal wendet
und eine Familie mit Kindern wieder mehr Anerkennung findet.
Ans Haus lassen sich die Frauen so schnell nicht mehr binden,
weil sie im Beruf meist mehr Anerkennung finden.
Solange sich diese Einstellung nicht ändert, ist der wertvolle
Schatz
„Familienidylle" nur noch ein wertloser Satz.
Für die ältere Generation ist das schwer zu verstehn
und hoffen, irgendwie wird es schon weitergehn – mal sehn.

Gedicht zur Freude

Jeden Tag ein bisschen Freude.
Jeden Tag ein Gläschen Wein,
fange an damit schon heute
und Fröhlichkeit zieht bei dir ein.

Was nützt dir all dein Schaffen, Streben.
Wenn du nur ein Griesgram bist,
länger wirst du sicher leben,
wenn du immer fröhlich bist.

Weißt du denn, was ist schon morgen?
Lache, schunkle, du wirst sehn,
was dir heute machte Sorgen
morgen wird´s schon besser gehen.

Ohne Frohsinn, ohne Wonne,
ist man nur ein armer Wicht.
Freude, das ist Göttersonne,
ohne sie gedeiht man nicht.

Drum erhebt nun eure Gläser,
stoßet mit dem Nachbarn an,
lacht ihm zu – schon geht´s besser
jedes Herz freut sich daran.

Die Augen strahlen hell wie Lichter,
die Wangen werden rosig rot.
Schön sind lachende Gesichter,
schön wie frisches Morgenrot.

Und so woll´n wir heute feiern
Hier zusammen, Alt und Jung,
brauchen auch nichts zu bereuen
denn Freude gibt uns neuen Schwung.

Das Lachen

Das Lachen ist schon eine ernsthafte Sach´.
Manchmal klappt´s nur mit Weh und Ach.
Lachen ist doch so gesund, gar nicht gefährlich,
wo setzt man die Grenzen vom Alter, mal ehrlich!
Grenzen ziehen wir hier keine.
Es lachen Große wie auch Kleine.

Lachen lockert die ganze Muskulatur,
das Hirn bekommt dabei Sauerstoff pur.
Vielleicht bringt´s in die Rippen einen Muskelkater,
spart im Ernstfall sogar den Psychiater.
Nebenwirkungen sind keine bekannt,
das liegt mal sicher klar auf der Hand.

Meinen auch manche verkorksten Leut,
hier wär nichts los – die sind nicht gescheit.
Denen beweisen wir´s, wir wissen es genau
und rufen voll Freude: ihr Frauen – Helau!
Da geht das Herz euch ganz weit auf.
Glaubt mir´s und verlasst euch drauf.
Drum gebe ich allen den guten Rat:
Mit dem Lachen setzen wir die Sorgen schachmatt.

Legen wir uns nachher zufrieden ins Bett
Und sparen uns so eine Schlaftablett,
verschieben nicht auf morgen ein herzhaftes Lachen.
Lach´ so oft es geht, auch über Unsinn, den wir machen.

Wenn uns das Lachen auch schon mal vergangen,
wird nochmal durchgestartet und neu angefangen.
Wir wollen doch zusammen nur fröhlich sein,
uns für ein paar Stunden des Lebens erfreun.
So, jetzt wissen wir es genau,
Lachen und Freuen ist unser Motto: Helau!

Wer bin ich

Bin ich einmal nicht vorhanden,
wo dringend ich gebraucht,
und doch so wichtig, wenn abhanden,
der Kopf vor Hitze raucht.

Sitze in mancher geselligen Runde
und die Kehle trocken,
führte gern ein Glas zu Munde,
denn die Biere locken.

Wo Gemütlichkeit beginnt,
rieche schon vom Bier den Schaum
und der Schweiß der rinnt und rinnt,
zum Glück passiert das kaum.

Bin meistens schon im Fall der Fälle,
eh die Party hat begonnen,
beim Gast an Ort und Stelle
bevor die Gäste kommen.

Wer bin ich, weiß wie man mich nennt?
Ich sag's euch jetzt zum Trost!
Bestimmt gibt's gleich ein Happy End!
Laut ruft der FLASCHENÖFFNER – „Prost!"

Die Geldbörse

Meine Begleiterin ist kein pompöser Mensch, eher klein, sparsam und meistens auch sehr berechnend. Sie überlegt sehr genau, wann sie mich aus der Tasche nimmt, ob für wichtige oder unnötige Sachen. Darauf bin ich sehr stolz. Möchte sie im Großen und Ganzen für ihre Sparsamkeit loben. Manchmal greift sie auch nach mir, wenn sie mit meinem Inhalt etwas bewirken kann oder etwas spenden will – je nach meinem Innenleben. Sie neigt nicht zu übereiligen Ausgaben. Oft drückt sie mich ganz feste an sich, dass ehrt mich und ich bin darauf sehr stolz, weil mir dann bewusst und klar ist, wie sehr sie mich liebt, obwohl ich im Grunde nicht das neueste Modell bin. Aber – es kommt ja meistens, wie bei meiner Begleiterin, nicht auf das Äußere, sondern auf den inneren Wert an. Der sollte bei mir, der Geldbörse, und bei meiner Begleiterin immer an erster Stelle stehen.

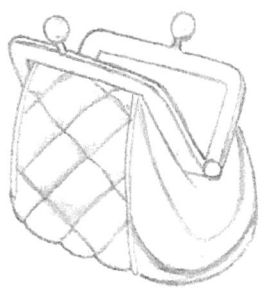

Die verschwundene Mutter

Ein Kind am Uferrand stand und schrie:
„Mutter, Mutter" ganz laut wie nie.
Ein Herr kam schnell herbeigerannt,
was wohl passiert am Uferrand?

„Die Mutter, die Mutter ist verschwunden.
Anfangs drehte sie noch ihre Runden.
Doch plötzlich – nichts mehr war zu sehn.
Wie konnte dieses nur geschehn?"

Der Herr, er fragt: „Wie ist's passiert?
Ich spring ins Wasser, ich riskier's."
„Nein, nein du find'st sie nicht,
sie ist so klein – ein Leichtgewicht."

Den Hergang möchte der Herr jetzt Wissen.
„Ich, hab das Rad dahin geschmissen,
da löste sich vom Rad die Schraube,
die Mutter auch, kaum zu glauben
schnurgerade in den See,
und zwar auf Nimmerwiedersehn."

Dat Liesche un sei Sünde

Dat Liesche, dat wollt beichte gehen,
et dreckt uff Herz un Maae.
Das es sein Sünde groß un klään,
der Reih no uff sollt saan.

Dat war dem Liesche sein ganz Pein,
drum duut die Katt ihm rode:
„Geh zum Pastor von Ingelheim,
der is schon daab seit Johre.

Bei dem im Beichtstuhl brauchste nor
Die Lippe zu bewehe,
spautz ihm en bissche an sein Ohr
un fällich is de Sehe.“

Dat Liesche in die Kerich nin flitzt,
duut noch mol feste schneitze
un als es so im Beichtstuhl sitzt,
fängt es aan zu spautze.

De Herr, der do im Beichtstuhl sitzt,
schiebt de Vorhang bissche niewer
un mähnt: „Mei Liesche, dau bist verkehrt
de daabe Pastor sitzt graad geniewer.“

Unser Gartenhäuschen und Drumherum

Ein Gartenhäuschen ganz vertraut
haben wir hinterm Haus gebaut.
Viele Urlaubstunden hat´s gekost,
alle haben mit angefasst.
Mal mit Murren, mal mit Freuden,
jeder musste darunter leiden.

War es oft auch drückend heiß,
auf der Stirn stand uns der Schweiß.
Dieses ist nun längst vergessen,
alle sind jetzt ganz vermessen
auf unser wunderschönes Fleckchen,
nur immer größer wurd dies Eckchen.

Manch Erdbeerpflänzchen musste weichen,
dem Gartenhäuschen ohnegleichen.
Ein erholsames Nickerchen am Sonntag,
so ganz entspannt man dort vermag.
Hier genießen wir die Ruh,
gehen mit, mal ohne Schuh.

Machen grad wie uns das passt,
schütteln ab die Arbeitslast,
erholen uns den ganzen Sommer,
der Autostau macht uns keinen Kummer,
auch stört uns hier kein Straßenlärm,
nicht mal die helle Straßenlatern.

Hier ziert eine bunte Lichterkette
und bunte Blumen unsre Stätte.
Auf dem Tisch im Gartenhäuschen
Steht auch noch ein Blumensträußchen.
Das holen wir vom Garten her,
im Blumenladen kost es mehr.

Vögel und auch Schmetterlinge
sind mit uns ganz guter Dinge.
Ab und zu piept mal ein Mäuschen,
hinterm Haus am Gartenhäuschen,
da machen wir uns gar nichts draus,
dem spenden alle noch Applaus.

Auch das ist schon bei uns passiert,
ein Igel kam daher spaziert,
dem nickten wir dann freundlich zu.
Ja, bei uns ist´s wirklich so.
Weckt uns mal wirklich eine Biene,
nicht so schlimm wie eine Limousine,
die auf der Straß vorübersaust,
uns ganz schön die Haar zerzaust.
Ja, diese Hetze und der Lärm,
bleibt uns im Gartenhäuschen fern.
Hier genießen wir die Stille
In der Sommernacht-Idylle.

Für ein Wasserbecken wurd plädiert,
wo wir im Sommer ungeniert,
die Füße jederzeit uns kühlen.
Auch die Enkelkinder spielen
oftmals in dem kühlen Nass
und jeder hat so seinen Spaß.

Ein Grillplatz kam zum Schluss noch dran,
wo wir im Sommer dann und wann,
wenn andere in den Süden fahren,
wir zuhaus uns köstlich laben,
mal bei Kuchen und Kaffee,
Schwenkbraten, Grillwurst, auch okay.

Kein Fernseher, dafür Akkordeonklang,
frohes Gelächter und Gesang.
Kinder, Enkel und Verwandte,
oftmals auch sehr gut Bekannte,
treffen unverhofft sich hier,
zum Glase Wein oder nem Bier.

Ein Anlass muss nicht immer sein,
wenn man sich findet bei uns ein.
Oftmals ist es ganz spontan,
wenn gute Freunde kommen an,
denn jeder, der bei uns verweilte,
sagt: „Wie doch die Zeit enteilte."

Bekannt ist, dass die schönen Stunden,
die alle hier bei uns gefunden,
gingen viel zu schnell vorbei,
bis Oktober von Anfang Mai.
Für uns ist es dann ein Genuss,
wenn jemand, der nach Haus gehen muss,
sagt: „Es war mal wieder wunderschön
und freuen uns auf ein baldiges Wiedersehn."
Ja, so sieht es bei uns im Sommer aus
Im Gartenhäuschen hinterm Haus.

Sternschnuppenzeit

Wenn glühende Sterne
Von der Erde so ferne,
fallen durch die dunkle Nacht,
mit schnellem Tempo, dennoch sacht,
werden geheime Wünsche gesprochen
und lassen das Herz etwas kräftiger pochen.

Glücksstern – so nennt man sie auch,
denn es ist ein uralter Brauch
das wenn ein Wunsch im Herzen brennt
den schickt man hoch zum Firmament,
erbittet sich vom großen Glück
halt eben nur ein kleines Stück.

Nehm es dankbar gerne an
Weil man doch Glück gebrauchen kann.
Ob sich ein Wunsch erfüllen mag
Heute, morgen, an irgendeinem Tag?
Wenn nicht?
Vielleicht ist´s nächstes Jahr bereit
Im August, September – zur Sternschnuppenzeit.

Das Lavendel-Labyrinth

Wenn die Mitte des Lebens uns verloren,
wendet sich zu einem Labyrinth,
lässt durch dieses sich erklären,
wo wir eigentlich stehn geblieben sind.

Im Labyrinth spiegelt sich das Leben,
das Kreuz in der Mitte, der Mittelpunkt eben.
Die vier Himmelsrichtungen miteinander verbunden,
zeigen uns den Weg,
alles geordnet, kein Durcheinander soweit man sieht.
Jeder geht seinen Pfad entlang – von Anfang an.

Menschen, die uns auf dem Weg begegnen,
uns freundlich grüßen, kann viel in unserm Innern bewegen.
Ob einer schnell, langsam oder behutsam geht,
vielleicht mal innehält, einfach nur steht.
Vor allem dürfen wir nicht die Balance verlieren.
Heißt: sich ganz auf seinen Weg konzentrieren.

Auch die Farbenpracht und den Lavendelduft genießen
und staunen, wie die neuen Triebe sprießen.
Schmetterlinge vieler Arten, Bienen und Hummeln
sich in dieser wohltuenden Farbenpracht tummeln.
Kommen wir so zur inneren Ruh und fühlen uns leicht,
dann haben wir viel erreicht.

Kommt man selbstbewusst und sicher am Ziel an,
eine innere Stärke man verspüren kann.
Wenn auch von vielen Menschen umgeben,
doch jeder geht seinen eigenen Weg – wie im Leben.
Es sind einfach Stunden zum Innehalten,
um die Orientierung für unser Leben zu erhalten.

Solche Stunden bereichern unser Leben.
Das Labyrinth lässt uns dies erleben.

Vollmondnacht

Wenn man in einer Vollmondnacht
sich intensiv den Mond betracht,
kommt er uns schon seltsam vor,
als wachte er vor einem Tor,
wo Träume für uns sind verborgen,
die er bereit hält bis zum Morgen.

Glaubt sogar man könnte hören,
lass dich jetzt durch gar nichts stören,
schütt bei mir dein Herze aus,
wirst sehn, ich mach das Beste draus.

Schicke dir, du glaubst es kaum,
einen wunderbaren Traum,
der dich behütet und bewacht
in dieser klaren Vollmondnacht.

Leuchte dir mit meinem Schein
Frohe Gedanken ins Herz hinein,
dass, wenn die Sonn am Himmel steht,
es dir wieder besser geht.

Oder war's gar schon ein Traum? – kaum.
So hat er uns in dieser Nacht
nicht um den Verstand,
sondern in einen guten Schlaf gebracht.

Ein Traum

Hab heute Nacht seltsam geträumt
von Geld, es tat sich lohnen,
die Lottofee, die war mir hold,
sie schenkte mir Millionen.

Nun malt ich mir die Zukunft aus.
Rosarot, schön bunt,
für jedes Kind ein Eigenhaus
das war des Glückes Grund.

Sah schon im Geist die Kinder strahlen.
Die Freud war riesengroß,
und wie sie sich die Zukunft malen
vom Millionen-Lotto-Los.

Hans-Joachim Schmitz, der Lottobote
ich deutlich vor mir sah,
den Aktenkoffer voller Noten,
das Geld zum Greifen nah.

Und dann kam dieser Augenblick,
das Traumbild, es verschwand,
die Realität nahm mich zurück
vom Schloss, gebaut auf Sand.

Enttäuscht sah ich im Zimmer um
und konnte es nicht fassen,
schade, schade. – Ach wie dumm,
dann nahm ich es gelassen.

Und hab am Tag den Kindern dann
Meinen Traum erzählt,
die lachten, sagten ganz spontan:
„Du hast den Sinn verfehlt.

Ein Elternhaus, für Kinder offen,
das ist es doch was zählt,
das ist das größte Lotto-Los
für uns auf dieser Welt."

Der stattliche Baum und seine Bank

Ein Baum, stattlich, groß und schlank
und darunter eine Bank,
die schützend dieser Baum bewacht,
hat mir eine große Freud gemacht.

Sie lud mich zum Verweilen ein
und sagte „Ja" zum Stelldichein.
Sie wollte mich gar überraschen,
so konnte vieles ich erhaschen.

Vogelkonzerte in den Zweigen,
Blätter tanzten lustige Reigen,
Bienen summten leis dazu
und ich genoss die Ruh.
Auch Käfer krabbelten sehr munter
an dem Stamme rauf und runter.

Der Baum, ein Schattenplatz für Menschen,
die zu ihm die Schritte lenken
und unter ihm verweilen,
auf seiner Bank geruhsam träumen.
Ob zu zweit, oder allein,
atmen tief seinen Sauerstoff ein.

Ein Schattenplatz – eine wahre Wonne,
bestimmt noch in der Abendsonne,
träumt er manchen schönen Traum
von Menschen, die bei ihm vergaßen Zeit und Raum,
einfach nur bei ihm gesessen,
des Alltags Hektik mal vergessen.

Das stärkt auch seines Stammes Holz.
Manche Begegnung macht ihn sehr stolz.
Man spürt, er freut sogar sich seines Lebens
und denkt, hier steh ich wirklich nicht vergebens.
Für Ruhesuchende, man glaubt es kaum:
ein wahrer Traum.
Laden immer gerne ein, willkommene Gäste zu sein.
Die Bank und der stattliche Baum – ein Traum.

Gewollt oder nit

Uuse Kläänste kam aus dem Kennergaade,
ganz außer sich, er konnts kaum erwaarde.
„Mama", saat er, „eich hon an deich en wichtich Fro.
Ganz ehrlich musste sin, et weerd nit geloh."
Eich daacht wunnerscht wat passiert
un ihm ganz neigerich zugehert.

Er stottert, schluchtst un druckst dorum:
„Hat ihr meich wergelich gewollt, wie ich uff die Welt sin
komm?"
„Ei allemol, sonst härre meer deich jo nit."
„Dann esset jo gut, me wisse wollt eich aach nit."

Eich musst jo so saan, un einfach en bissche liehe.
Ganz ehrlich, nee, doch uff Breche un Biehe,
schießt meer so allerhand in de Sinn,
er war jo schließlich de Jüngste von fünf Kinn.
„Von gewollt, war eigentlich kää Red.
Meer harre deich äänfach noch krieht."

Später saat eich zu ihm, ganz ungeniert:
„Geplant warste nit me, awwer akzeptiert."
Weile is er groß un kenne driewa lache.
Ja, ja, als Mudder erlebt mer die dollste Sache.

Drei Froe

Mit elf Jahr kam uuser ältester Bu,
un mähnt: „Mama, her mir mol gut zu.
Eich muss an deich drei Froe stelle,
die Antwort will eich wisse, uff alle Fälle.“

„Die erst Fro: Weißt dau was en Stiefmudder is?“
„Kind, allemol, gewiss.“
Hat ihm das ganz gut erklärt.
„Jo“ saarer, „so hat eichs aach in der School geleert.

En Schwiegermudder – weißt dau dat aach?“
„Mei Bu, dat is doch en äänfach Sach.“
Er konnt et so aach gut verstehn.
„Nore noch en Fro hon eich hie stehn.

Die is schon en bissche schwerer.
Eich glaab, die Antwort weiß nore uuse Lehrer.
Stiefmudder, Schwiegermudder, das wär geklärt.
Awwer hie die Fro hast dau noch nie geheert.“

Do saat er mir riechtaus ins Gesicht:
„Weißt dau aach was en Gebärmudder is?“
O, do musst eich awwer wergelich schlucke,
on mich gleich uff de Hinnere hucke.

Eich war getroff, eich kann´s auch saan,
denn, wo fängt mer do mit erkläre aan?
„Das is en Muskel im Bauch von der Frau,
wo sich das Kind entwickelt, ja, ganz genau.“

„So hat das uusere Lehrer erklärt,
eich hat ihm aach gut zugehert.“
„Mama, hat ihr dat frieher in Biologie schon als
Unnerichtsstoff?“
„Nä, nä mei Bu, dat Leewe klärt vieles von selwer uff.“

Adams Bitte

„Oh, Herr, erhör doch mol mein Flehn,
aus dem Paradies,
eich sin hie so ganz allään
un dat find ich so mies.

Die scheene Äppel an de Bääm,
Blume en Wald un Flur,
alles wär noch mol so scheen,
hätt eich en Fraa doch nur.

Herr, uff Dauer ist's kää Leewe nit,
dau kannst mers werklich glaawe,
erhör doch endlich mol mei Bit,
for deich bestimmt kää Schaare.

Un wenn mer dann noch Kinner kriehe,
im Geist siehn eich die schon,
mir dere schaffe un aach bere
un Sunndaachs aach noch ruhn."

Sogar noch im Schloof, hot er laut geruf:
„Erhör doch, Herr, mei Bit."
Dat schallt bis in de Himmel nuff,
de Petrus krieht's aach mit.

„Du doch net so lammedeere.
Alles braucht sei Zeit,
de Herrgott wird's schon ausprobeere,
wenn aach nit gleich heit."

„Du meich weil nit aach noch fobbe",
saat de Adam dann.
„Trink liewer mol en gute Trobbe."
„Jo, Petrus – graad dann denke eich dran.

56

Wer fläht meich, wenn eich honn die Freck?"
Dat sieht de Herr aach in.
„Eich form se aus em bissche Dreck.
Ne, dat kann´s jo aach nit sin."

Do hot de Herr de Petrus gefroht:
„Wovon soll eich die mache?
Weißt dau vielleicht en gude Rat?"
Do fängt de aan zu lache.

„De Adam hot doch so viel Rippe,
do kemmt´s uff ään nit aan,
wenn de davon ään raus duut recke."
„Gut, dann fange eich gleich aan."

Er hot se geboh no links un no reechts,
wie er die Sach beguckt,
de Petrus mähnt: „Sein Gesiecht schon glänzt,
Herr, dat Kunstwerk is geglückt."

De Herr bestaunt die herrlich Sach,
wat er do fabriziert.
Hat aus der Ripp en Frau gemach,
et hat funktioniert.

Un als de Adam die gesiehn,
do steeßt en Schrei er aus:
„Mein Herr, wie sin die Fraue scheen!
Hul mir noch paar Rippe raus
un mach lauter scheene Fraue draus."

Frühlingserwache mol annerscht

Nit nur in der Natur erlebt mer Frühling pur.
Als Kinner harre meer oft gesiehn,
aach Frühlingserwache im Kuhstall war spannend und scheen.

An ner Kiere festgebunn in aller Ruh
stand im Stall nore uus Kuh.
Me war sonst im Stall nit drin,
awwer in manchem Friejohr kam do Leewe nin.
Do war for paar Woche allerhand los,
denn for ään Kuh war de Stall aach nit groß.

Wenn´s im Friejohr nass un kalt,
kame zwei Ferkelcher dobei, so war dat halt.
Dofor harre meer in extra Peerich,
manchmol hon se do gelähn, ganz zwerich.
Unnerm Korb, uffem Nest saß en glucksich Huhn,
um Eier auszubrüte, me hat´s nit zu duun.
Futter hat´s vor de Schnawel krieht,
braucht nore zu picke, me Arwet harret nit.

No 21 Daach ware meer all gespannt,
do kam Leewe int Nest bis an de Rand.
Hinkelsschnäwel noenanner
reckte sich aus dem Nest voll Eier.
Wenn dodrunner en Ei noch zu,
kam mein Mutter net aus der Ruh,
gefackelt hot se nit lang,
et war ihr aach kää bissche bang.
Die Schaal hat se einfach aangeritzt,
schon hat en klääner Schnawel gespitzt.

Die klääne Hinkel ware so scheen
stunnelang konnt mer die besiehn.
Weile kamen se hinnert Haus unnern Verschlaach,
von vier Latte zusammegenäält, bespannt mit Maschedraht,
damit die Katz kää Hinkel erwischt
dodruff ware die aarich verpischt.

Aach noch en Kälbche is in der Zeit
uff die Welt komm, unser größt Freid.
Do määnt de Vadder,
„Dat kemmt gleich in en extra Gadder
damit et nit an die Ferkelcher geht,
bevor et zu spät."

Unnerm Hautriechter ganz im Eck
hat die Katz ihr Junge im Versteck.
Ach richtich – noch ebbes war do:
Schwalwe sin aach noch in- und ausgefloh.
Oftmols harre se uff dem Kopp von der Kuh gehockt
die Migge harre se dohien gelockt.
Doch meistens hon se sich in der Heh uffgehall
awwer in deene zwei bis drei Woche do war Leewe im Stall.
All zusamme, groß un klään
harre sich in dem warme Stall so gut vertraan.

Manches Friejohr konnte meer so erleewe
et war spannend un scheen, dat kennt ihr mir glääwe.

Frühling trifft Winter

Der Winter wollt verreisen
doch nicht so ganz allein,
er wollte mal beweisen
am schönsten ist´s zu zwein.

Zu seiner Frau er darauf sprach:
„Ich nehme dich mal mit,
Frau Kälte, - ja, eine gute Sach
gemeinsamer Urlaubsflirt.“

Da riefen ihre Kinder:
„Wir bleiben nicht zu Haus!“
„Gut, wir werden´s ausprobieren“,
gemeinsam ging´s hinaus.

Die Älteste von dreien
ihr Name? Sie hieß Schnee,
tat sich von Herzen freuen
und rief ganz laut: „Juchhe.“

Die Zweite trug den Namen Frost
„Möchte auch mein Bestes geben,
wir spielen alle Stadt, Land, Fluss
und wollen was erleben.“

Die Dritte kam mit Wonne
ganz schnell herbeigeeilt:
„Ich bin die Wintersonne“
nun waren all vereint.

So zogen sie durch´s ganze Land
das Steuer fest im Griff,
verschneite Landschaft, vereister Strand
ein richtiges Winterschiff.

Ein schöner Urlaub wurde draus
und wochenlang auf Tour,
verlassen stand ihr Winterhaus
von Rückkehr keine Spur.

Da kam der stolze Frühling
des Weges her spaziert,
Familie Winter – so ein Ding
noch immer einquartiert.

„Wie lang wollt ihr noch bleiben?
Ich bezieh jetzt das Quartier,
und möchte euch vertreiben
das Land gehört jetzt mir.“

Die Natur, die braucht nun Wärme.
Dein Urlaub, der ist um,
zieh weiter in die Ferne
ich bitte dich darum.

Der Winter sprach: „Ich seh es ein,
wir ziehen uns zurück.“
Doch, so schön kann nur gemeinsamer Urlaub sein
– echtes Familienglück.

Endlich Suumer

Ach, wie is et im Suumer scheen,
wenn mer sich hennert Haus kann lään
un dann grad noch Urlaub hat,
die Arwet bis iewer die Ohre satt,
dann erhuule meer uus drauß,
dahääm em Urlaub hinnerm Haus.
Glecklich un dobei recht froh
genieße meer drei Woche so.
Die Hausdeerklingel un et Telefon
wird lahmgelaacht frieh morjens schon,
denn wenn meer weit im Süde wäre,
dere meer dat jo aach net heere.

Dat Kaffeegescherr wird rausgedraan,
endlich fängt de Urlaub aan.
Lese Zeitung in aller Ruh,
Vääl, die zwitschere dozu.
Manchmol kemmt et äänem vor,
als wäret en gemischte Chor.
Well Douwe gurre noch dobei,
meer fiele uus wie die so frei.

En Sunnescherem, wenn et kritisch wird
un de Hiemel zu viel Sunn beschert,
dodrunner bleibt de Kopp scheen kiel,
lecke noch en Eis am Stiel.
Die Wasserflasch, die bleibt im Schatte,
Kinner un Enkel rolse uff de Matte.

Wäsch, die flattert fest druff los
un bringt frisch Luft für Klään un Groß.
Meer gucke zu wie die Migge danze
un sich erhuule uff de Planze.
Gemäht wird net emol de Rase,
gucke zu, wie die Planze waase.
Radiescher, Bohne un aach Erwes
laawe meistens drauße berwes.
Un dat Wasser in der Rejetonn
is for se gieße, dat wisse die Enkel schon.

Genieße omends en kiele Schoppe
oder sonst en gute Troppe,
hinnerm Haus in aller Stille,
froe net, wie viel Promille
drei Glas Bier un en Schoppe hon.
Hinnerm Haus geht's kääne wat aan.

Die Zeit geht viel zu schnell vorbei,
sin braun gebrannt, ganz newebei.
Erhuule uus im Suumer drauß,
dahääm im Urlaub hinnerm Haus.
Et hat sich wieder mol gelohnt
un de Geldbeitel ganz geherich geschont.
Ach, wie is et im Suumer scheen,
wenn mer sich im Urlaub hinnert Haus kann lään –
Groß un Klään.

Der Maikäfer

Den Käfer, den ich draußen fand
halt ich stolz in meiner Hand,
denn dieser Käfer hat mich jetzt
in die Kinderzeit zurückversetzt.

Damals nahmen wir im Mai
der Käfer nicht nur zwei und drei,
oftmals sogar dutzendweise
von den Bäumen, morgens leise.

Wir steckten sie in Hosentaschen,
Zigarrenkästchen, leere Flaschen
und in Dosen, Loch an Loch,
kamen diese Käfer noch.

Zur Nahrung gab es zarte Blätter
und spielten so den Lebensretter.
Jetzt konnten sie in Frieden schlummern
und keiner brauchte mehr zu hungern.

Selbst auf dem Weg zur Schule hin
waren sie im Ranzen drin.
Wir Kinder wussten, irgendwann
fangen die zu kraspeln an.

Den Lehrer hat das sehr gestört
da wir ihm nicht mehr zugehört.
„Was macht ihr mit den Käfern nur?
Bringt sie zurück in die Natur.

Diese Käfer sind von Nutzen."
„Nein, die tun die Bäume stutzen",
riefen wir ganz laut im Saal,
„die fressen doch die Bäume kahl
und kein Obst kann mehr gedeihn
so was finden wir gemein."

„Schon gut", so sprach der Lehrer nun,
es gongte und die Stund war um.
Doch wie man sieht, es gibt sie noch
Dem Maikäfer heut – ein dreifach Hoch.

Palmsunndaach

Wierer war Palmsunndaach do.
Jedes Mol die selwe Fro.
Hon iewerlaacht und simeleert,
en Palm muss her, wie et sich an Palmsunndaach geheert.
Wollt awwer in die Kerich, dat war gewiss
mit Gottvertraue, wie dat so is.
Die Kerich war voll bis hinnewierer
un scheen geklung die feierliche Lierer.
Bei „Singt dem König Freudenpsalmen"
konnt eich net mitsinge, eich hat jo kää Palme.

Meine Platz wie immer, in der drittletzt Bank.
Links un reechts die Fraue, mer hot sich jo kannt.
Noore ääner, hinne in der Bank am Enn,
der gucke ich ständich uff die Hänn.
Die hat en Palmstrauß, wunderscheene Dinger
un hält se ganz fest in ihre Finger.
Äämol hat se meich im Visier,
no der Kommunion kniete die doch glatt newer mir.

Han tief Luft gehuult un daacht:
Vielleicht hat se sich's jo aach iewerlaacht
un for meich so en klään Ästche iewerich hätt,
ihr bestimmt nix ausmache däät.
Schließlich war die Kerich aus,
meer gehen newenanner die Deer enaus.
Do tippt se meich von henne aan
Un fräht: „Wolle Sie en Streißche hon?"

Eich war so froh, han meich bedankt,
bei der Fraa, die eich bis dohin noch net kannt.
Net umsonst war mein Gottvertraue,
mer muss nore ganz feste dodruff baue.
Gesetzt han eich noch en Ästche in de Gaade
un brauch net wie domols uff en Streißche zu waade.
Wer in Zukunft an Palmsuundaach ohne Palme is,
krieht von meer in Streißche, dat is gewiss.

Grau in grau

Scheint dir die Welt mal grau in grau,
als wollt sie untergehen,
kein Schimmer Himmelblau
weit und breit zu sehen.

Waren im Frühling wir verwöhnt,
wochenlang – Sonne pur,
und jetzt im Juni vor Kälte man stöhnt,
von Sonne keine Spur.

Wolken ziehn wie angereiht
am Fensterplatz vorüber,
warum sie einfach jetzt nicht scheint,
die Wolken lachen darüber.

Plötzlich, nur für Augenblicke,
die Sonne ziert das Land.
Dann, Donnergrollen, Blitze zucken,
ein Regenbogen weit gespannt.

Ein Regenbogen schön und bunt,
der nun den Himmel ziert,
farbenfroh tut er sich kund,
soweit das Auge sieht.

Der Sommersonne es gelingt,
ihr Kämpfen hat sich gelohnt.
Sie durch die dicken Wolken dringt
und am Himmel thront.

Als Kinder wussten wir genau,
die Welt, sie bleibt bestehen,
solang wir nach dem Himmelsgrau
noch Regenbogen sehn.

Arzttermin

8.30 Uhr de Arzttermin,
uff den meer lang gewart,
reppelt sich uff, nix wie hien,
als Erstes – zehn Euro bezahlt.

Dann die viele, viele Froe.
Was muss mer do alles saan,
schlimm, awwer es is halt so,
jed Organ kam draan.

Reechts un links stichts in der Ripp.
Dat däät grad noch fehle,
et wird doch nit – ne, die Schweinegripp,
wo se iewerall von verziele?

Et duut einfach alles weh,
dann geht's ins Wartezimmer,
du liewer Himmel, was ich do seh:
Leit, dene geht's noch viel schlimmer.

Die huste, krächse,
dann ins Säckelduuch schneitse,
alles is dobei, gewöhnliche Leit,
un Leit vom Feinste, sitze in ääner Reih.

Inzwische uff der Uhr schon 10,
eich glaab et wird noch 11,
von wehe – 8 Uhr 30 Arzttermin!
Eich wette, et wird aach noch 12.

Dat Herz, dat kloppt, de Puls, de rast,
dann schallt´s in die Mit:
„Gnädige Frau, Sie sind schon dran."
Mer folgt ihr Schritt for Schritt.

Zwei Minute unnersuche,
dann war der Spuk erum.
Mehr Zeit, saat der Arzt, kann er nicht verbuche.
Un dofor is mer komm.

Weile is se rum, mein Engelsgeduld,
bisher noch unner Kontroll,
die Gesundheitsreform wär dodran Schuld,
versteh nit, was das soll.

Schnell frisch Luft, nix wie raus
was mer bislang noch hat,
hat mehr vielleicht, et is en Graus,
en 8.30 Uhr Arzttermin satt.

Sin wierer gesund – hat ausprobiert
Hausmittelcher aller Art,
„Holunder mit Rum" hat mich kuriert
un vorm Schlimmste bewahrt.

Eine Fußdiskussion

Der Frostballen, der vor Kälte zitterte und sich an den überhitzten, großen Zeh schmiegte, sagte zum Fersensporn: „Hörst du, wie der Hammerzeh drauflos hämmert? Er macht bestimmt das Überbein klein und einen Plattfuß draus. – Nein, er braucht sicher die Hornhaut, um sie der Stechwarze überzuziehen, damit sie endlich mit ihren Sticheleien aufhört, aber selbst mit dem Gichtzeh im welligen Nagelbett sich´s gemütlich macht." – Das gefällt dem Senkfuß ganz und gar nicht mit der Äußerung: „Zieh lieber deinen eingewachsenen Zehennagel aus meiner rissigen Ferse, sonst werde ich dir mit Hilfe der Krähenzehe ein paar tiefe Kratzspuren verpassen." – Da lachte die Achillessehne, wandte sich dem Schweißfuß zu mit der Frage: „Hast du heute schon ein Hallux-Woloch-Bad genommen? Es wär an der Zeit." – Der Spreizfuß kicherte höhnisch und rief dem entzündeten Zehennagel mit dem feuerroten Kopf zu: „Wir können alles noch so heimlich machen, das Hühnerauge hat alles im Blick." – Da zuckte der Gelenkkapselriss zusammen, der inzwischen blau und gelb angelaufen war vor Empörung und meinte. „Trotzdem hat es den Fußpilz mit einem Glückspilz verwechselt. Ein Glück, dass ich nur vorübergehend Gast in eurer Runde bin. Eines aber sollt ihr euch alle zusammen hinter die viel zu langen Zehennägel schreiben. Lasst euch so schnell wie möglich eine Fußreflexzonenmassage verschreiben, dass löst vielleicht alle Probleme für sie Zukunft. Wünsche euch allzeit – Gut Fuß."

Pech für dich

Eine Fliege winzig klein
wollt so gerne größer sein.
Ein dicker Brummer flog daher,
dass missfiel ihr sehr.

Er suchte sich ein Opfer aus.
Die Fliege lacht: „Da wird nichts draus."
Grad als der Brummer stechen wollte,
was er eigentlich nicht sollte,
da war die Fliege etwas schneller.
„Wenn ich zwar klein, dafür heller."

Zur Fliegenklatsche griff das Opfer,
doch der Brummer, der war tapfer,
arg lädiert rief er ihr rüber:
„Treffen wir uns morgen wieder?

Für heute lass ich dich in Ruh,
vielleicht sind morgen wir per du?"
Sie lachte: „Spar dir deine Hiebe.
Pech für dich – bin Eintagsfliege."

Seniorentreffen im Schloss

Wenn die Langeweile nagt
oder das Alleinsein plagt,
egal wie immer es auch sei,
dann gehen wir zum Seniorennachmittag ins Schloss,
da sind wir gerne dabei.

Alle zwei Wochen finden von Oktober bis April
Seniorennachmittage statt, ein tolles Gefühl.
Gemeinschaft wird hier sehr gepflegt,
auch der Geist mit angeregt.

Es wird gescherzt, gesungen und gelacht,
vor allem an das gemeinsame Kaffeetrinken gedacht.
Man lauscht Geschichten und Hunsrücker Gedichten
und erfährt die neuesten Stadtberichte.

Auch Volkslieder singen, dass stärkt die Lunge,
das Herz wird weit, es lockert sich die Zunge.
Es wird geplaudert, dass die Augen strahlen,
schöner kann man Senioren nicht malen.

Doch in diesem Jahr von Mai bis Oktober
treffen wir uns monatlich unter anderer Regie hier wieder.
Diese Treffen liegen auch in geschickten Händen,
die Seniorenbeauftragten sich dann an uns wenden.

„Senioren-Aktiv" nennen sie uns nun,
wir freuen uns sehr, dass ehrt uns schon.
Sie präsentieren uns, Stadtrundgang, Grillfest am Simmersee,
erfahren die neuesten Seniorenberichte, alles okay.

Gotteshäuser werden uns von Grund auf erklärt
und durch die Besichtigung des Globus man erfährt,
wie Fleisch, Wurst, Brot verpackt ganz frisch
landet bei uns auf dem Frühstückstisch.

Nicht zu vergessen, auch Kuchen und Kaffee liebevoll serviert
und die Tische sehr einladend dekoriert.
Diese Atmosphäre genießen wir
beim Seniorentreffen immer wieder hier.

Ja, an uns Senioren wird wirklich gedacht,
damit unser Herz und nicht nur die Fassade lacht.
Das stärkt Körper, Geist und Seele,
ohne diese Treffen würde uns sehr viel fehlen.

Danken möchten wir den ehrenamtlichen Damen und Herrn,
wir glauben, dass hören sie auch ganz gern,
denn ohne dieses Wirken und ihr Zutun,
säßen wir in diesen Stunden zuhause ganz dumm rum.

Eine Bereicherung für die Senioren
und sagen von Herzen Dank, dass es alle hören.

Einander

Wir sollten uns FÜREINANDER Zeit nehmen
und MITEINANDER streben,
VONEINANDER lernen,
um UNTEREINANDER verstanden zu werden.

Dann blieb das GEGENEINANDER fern,
das AUSEINANDER auf einem anderen Stern,
könnten in Frieden NEBENEINANDER träumen,
INEINANDER verbunden nichts versäumen.

Darum sollten wir nicht ANEINANDER vorbei,
sondern AUFEINANDER zugehen,
uns ZUEINANDER wenden – heißt verstehen.
Bestimmt würden viele NACHEINANDER denken,
beim DURCHEINANDER mehr Achtung dem Nächsten
schenken.

Auch würde kein ÜBEREINANDER oder Chaos entstehen,
könnten oft HINTEREINANDER in die gleiche Richtung gehen.

Im Grunde brauchen wir doch alle EINANDER
und ein harmonisches UMEINANDER – BEIEINANDER
macht erst das Leben lebenswert und schön.

Das müsste wohl gehen – mal sehen.

Herzlichst,

Christel Dillenburg